AF175013

LA FRAGILIDAD DEL PEREGRINO

LA FRAGILIDAD DEL PEREGRINO

Adolfo Burriel Borque

PRENSAS DE LA UNIVERSIDAD DE ZARAGOZA

© Adolfo Burriel Borque
© De la presente edición, Prensas de la Universidad de Zaragoza
  (Vicerrectorado de Cultura y Proyección Social)
  1.ª edición, 2024

Colección La Gruta de las Palabras, n.º 129
Director de la colección: Fernando Sanmartín

Ilustración de la cubierta: Jesús Cisneros

Prensas de la Universidad de Zaragoza. Edificio de Ciencias Geológicas, c/ Pedro Cerbuna, 12. 50009 Zaragoza, España. Tel.: 976 761 330
puz@unizar.es   http://puz.unizar.es

 Esta editorial es miembro de la UNE, lo que garantiza la difusión y comercialización de sus publicaciones a nivel nacional e internacional.

ISBN 978-84-1340-837-8

Impreso en España
Imprime: Servicio de Publicaciones. Universidad de Zaragoza

Depósito Legal: Z 1063-2024

Pasos de un peregrino son errante…
Luis de GÓNGORA

Somos suma de todo lo que fuimos,
días radiantes, noches en derribo,
manos tendidas, cruce de caminos,
palabras combinadas con cuchillos…

Somos poso de aquello que perdimos,
quimeras que se hicieron mil añicos,
viajes que terminaron a su inicio,

huellas que sepultaron los olvidos…

(0)

Para andar el camino es deseable
que salgamos temprano, hacia poniente,
que no elijamos la rodada que usan
los otros caminantes.

                    Es muy útil
descubrir por sí mismo los peligros
y el dolor de los pasos, soportar
las caídas,
                    amar todos los vientos
y disfrutar del canto de los pájaros.

… y siempre se camina hacia un lugar
apenas conocido...
… y siempre hacia una voz
que tal vez nos aguarda…
¿Por dónde allí se va,
adónde al fin se llega?

Lucien REBEL

(1)

El camino es tan frágil como el tacto
de dios. Mañanas que hablan con nosotros,
crepúsculos de júbilos o nieve,
rostros en cien espejos repartidos.

Como el hilo que anuda los poemas.

Tierra heredada, noches que acompañan
las ausencias, rincones donde habita
el silencio de todos los silencios.

(2)

Convertir la llegada del ocaso
en alba, el arenal en mar abierto,
aceptar que la vida merodee
por la senda insegura del destino.

Reconocer la voz del viento, uncir
los sueños al insomnio de las sombras
y no perder de vista las locuras
que queremos hacer con nuestros versos.

(3)

Tal vez para vivir nos bastaría
desembrozar el ruido, recibir
el amor de palabras que no temen
las disputas del viaje, las contiendas
con dios y con los hombres,

                              la aventura
siempre al filo del último milagro,

tal vez tener solo un solar, y alzar
un vendaval de señas y de nombres.

(4)

… y este tropel de amigos se parece
al despertar del bosque cuando entrega
su alborozo de luz a la espesura.
Una arenga jamás imaginada.

El retorno del mundo, sorprendido
por el fin de la luna, por las voces
exaltadas que gritan el asombro
de cada madrugada que encontramos.

(5)

(mañana del mar)

Alrededor del día, vuelos rojos
de aurora que resbala por el pubis
del mar, abril llegado a mis estancias,
islas ociosas, aires insolentes,

altiva torre y frágiles estrellas,

qué mañana cerrada a los naufragios,

caracola de espumas esparcidas
por el ancho regazo de las aguas.

(6)

Luz desencadenada, inabarcable
regocijo del aire que deslumbra,
y, en el festín carnal de la mañana,
un sonido de vuelos que ensordece
el reposo.

   Suplir al peregrino
que llega del cansancio de los pasos
errados,
    tierras hechas a sí mismas
que proclaman el triunfo de ser libres.

Las ramas guardan la cabaña, baten
la danza bulliciosa de la lluvia.
Enseña su crueldad la rosa,

                      rasga
el diluvio su diáfano estallido.

En el umbral sutil de los ensueños
la lentitud del tiempo se encadena
al placer de esta nada, a la ventura
del esquivo secreto de la tarde.

A la caída de la tarde, el cielo
tiene un dolor de pájaros perdidos.
Hoy anda llameando con desgana
cosido por fugadas claridades.

Ser un trozo de nadie, despedirse,

que la sombra del aire nos envuelva
en medio del destierro de las formas
que trae la llegada de la noche.

(9)

Indagar la tristeza del crepúsculo
hasta que pueda descubrirse el llanto
del cielo y sus cenizas, la derrota
del tiempo y de la rosa.

                              Percibir
el calor de la tarde derramada
en callados fulgores, en furtivos
abandonos, seguirla hasta el lugar
donde tiene la noche su guarida.

Horas de paz.
    En el sendero azul
se ha escondido una noche de secretos
quejidos. Hay un baile de camelias
que llega desde el fondo de una sombra,

y una callada luna que recorre
los jardines que fueron arrancados
del corazón dolido de la luz
por los depredadores de prodigios.

(11)

Seguramente, el Sumo Jehová
dispuso la belleza del pecado
para hacernos soñar, y nadie —dios
consigo— debería maldecirlo.

Es probable también que la mañana
en que afiló el cuchillo sobre el cuello
del hombre, el jovencísimo Rimbaud
ganara la partida a Jehová.

Los caballeros del día nacían con la mirada de su amor y los castillos de sus bienamadas tenían tantas ventanas como tormentas lleva el abismo.

René CHAR

(12)

En la orilla lejana en la que escribe
sus borrosas estrofas la memoria,
viven voces con nombre, viejas siembras,
también niños,

         abruptos derroteros…,

y hay un viaje que aloja a los amigos
y oculta los caminos de los días
que fueron,

         un tumulto de pisadas
que inunda el pensamiento de desnudos.

(13)

La ciudad que he nombrado está tendida
en un recodo al norte, y placentero,
como fuera el rocío que conoce
cuándo es el despertar y las mañanas.

Naves, río y almendros que se han ido
del tiempo, y buscan nuevos convidados.

Reconocer la casa, descubrir
en uno mismo el día memorable.

(14)

(campos de la niñez)

… y luego, el pensamiento se encamina
al antiguo rincón donde aquel niño
escondía raíces de canela,
gotas de mar, brillantes minerales,

la cola de un relámpago rapaz
y una rosa vencida, y apagada,
que se asomaba a ver los arañazos
que deja la caída de la noche.

(15)

Un recuerdo traído del paisaje:
las acacias al lado de los juegos
devolviendo a las sendas ya perdidas
fragores de cigarras y de pájaros.

Contar las horas, merecer la ofrenda
de los frutos pendientes, del amor
que vive solitario y sumergido
en la profundidad de los silencios.

(16)

¿Recuerdas cómo el tiempo se escapaba?
Corríamos tras él con el afán
de recoger los últimos recuerdos
del aire transparente y bullicioso.

Niños de amor cansados, recibidos
por cada dios que a brotes nos venía,
convertidos de pronto en la euforia
de los claros paisajes de ese mundo.

(17)

La tarde confundida con las brumas
del miedo y atrapada por los muros
del patio, infiel amiga de la noche,
que cae lentamente en sus cenizas,

deshabitada madre de ese niño
que pierde su mirada en los cristales
mudos y busca la piedad del llanto
en la desolación de su pupitre.

La lluvia tuya, amor, con que me mojas
derrama los trabajos y los días
por la suave explanada de tu cuerpo,
y desdice las sombras de la noche.

Qué breve el recorrido cuando el ángel
entrega su quietud a tu desnudo
y arrebata huracanes y naufragios
a mares encendidos de infinitos.

(19)

¿Qué luz, amor, ha roto los cristales
y ha llenado de gritos amarillos
la meseta, vacía de perdones
y de lobos?

　　　　¿Qué infancia se ha colgado
de los tiempos remotos, recupera
la antigua claridad de cada sueño,
de qué sueños, amor, que conocimos
al lado de la savia derramada?

… y luego viene el corazón del hombre
a demandar su parte de ternura
y a recoger la suerte de los días.

Viene la aldea, el súbito despliegue
de un sueño interminable, la pequeña
alegría del valle, las preguntas
que acuden como asombros extraviados
a la apacible sala de los juegos.

(21)

Como de nuevo amanecer,

                            azul,
como el temblor azul del marinero,
pensada por el viento y las arenas
que han creado la orilla de saberte.

El mar inseparable, una mirada
para el hondo habitar de tu horizonte,
tan azul, solo azul, azul de luz
hallada en el sitial de tu presencia.

(22)

De ese retrato sé qué luz se esconde,
qué leguas correría su mirada
inaccesible, sé la voz que nunca
me lo dijo, conozco la osadía
de todo su silencio,

              y, allá lejos,
cómo el amor se agita, cómo suena
la volátil cadencia que componen
un firmamento opaco y sus orillas.

(23)

La larga noche aquella presentía
la muerte de las rosas inocentes.
Tú estabas en la costa, sin saberlo,
abrazada al raptor de la esperanza.

Murmullos leves en la senda, golpes
rompiendo la barrera, en las afueras
un silencio profundo como de aves
calcinadas que vuelan hacia nunca.

(24)

Llegabais como llegan las mañanas
a las manos del mundo, amaneciendo.
Erais altos, hermosos, con los ojos
de un brillante deseo, transportados
a un tiempo para amarnos,
                                                    y decirlo.

Mi llanto se pregunta, cuando invade
la añoranza, qué habrá sido de aquellas
peleas imborrables con la vida.

(25)

(Alzheimer)

Tú,
     y una tierna sombra maniatada
al olvido, traída únicamente
para dejar tu historia en las honduras
del abismo. Desgobernar la nave,

colocar en el lado de tu nuevo
laberinto una llama ya extinguida,

deshojado, viviendo bello y solo
en tu callada cárcel de papel.

(26)

(Nicolás, Teresa, Maribel)

… Y vosotros, llegasteis el gran día
en que crecieron altas las paredes
de la casa común que ahora se cierra.

Donde quedan los vientos apresados.

Vacía la vivienda, las ventanas
cerradas,
                    luz que apaga el despertar,

ocupado el solar por los silencios
que propagan un tiempo despedido.

(27)

Esta fotografía ha detenido
el universo. Arrebató un instante
al curso de la vida. Nuevamente
el comienzo de todo lo creado.

Surgir desde aquel banco a la ternura,
de la sonrisa niña al infinito,
de la muerte cercana a las entrañas
de todas las auroras que persisten.

(28)

(la llegada de Nahia)

Y un día inadvertido, el raro mundo,
que esconde tantas veces las pisadas
sigilosas, sacude la tranquila
antesala, proclama los milagros.

Un júbilo improbable, la cosecha.

Y una señal minúscula pregona
que el tiempo sigue,
                    que camina y viene
a descubrir albores y comienzos.

45

(29)

(Ángel Guinda)

No creas que el final es quien descubre
las veredas, las huertas, el descanso.

Ebrio de ti qué lucidez insomne,
qué vida descolgando la presencia
del cielo, ángel o diablo, espectro y luz,

el exilio y la vida, sustraída
de sí,
       y afortunadamente nunca.

Y nunca me he enterado de que has muerto.

(30)

Niña que guarda todos los senderos
del tiempo, la mirada del origen
del mundo, los prodigios ignorados,
la luz que no percibe sino el brillo
de dios,

      esa pequeña estancia donde
vive tu nombre, sueño inseparable
de la entera belleza que nos diste.

(31)

Oh majestad, qué piedras has lanzado
al ventanal del hombre, qué cristales
has convertido en hielo, en qué tenazas
las manos que cavaron el camino.

Quién prefiere tu reino, tu gran nube
de lirios mortecinos, el retorno
a los besos mal dados, tu desprecio
a los estampadores de metáforas.

(32)

Pero, amigos, llegamos demasiado
tarde. Las hojas, ya lo sabes, vuelan
sueltas, y el mar devuelve a sus orillas
convertidos en agua los mensajes.

Es cierto que los dioses viven, pero
arriba. Está vacío el viento ardiente
y Hölderlin esconde sus poemas
donde el rayo del Padre,

                            a su partida.

Tierra que explica *el fin de los caminos…*
despeñada del ángel, de sus alas
de plomo, de sus rosas abatidas.

(33)

Mirad.
      Mirad también cómo ensordecen
la música y los cánticos que traen
los dulces mercaderes de la nada.

Aquí están y vocean los apóstoles
de ensueños y delirios, aquí ofician
sus faustas ceremonias los hijastros
del padre Mallarmé mientras arrojan
los dados al faldón de las luciérnagas.

(34)

… en este amanecer, que nunca entrega
su luz gratuita a los caminos, hombres
triunfantes edifican cementerios
para sueños.

En este amanecer
de exilios, y de tiempos que proclaman
en vano los regresos, y de lunas
que no persiguen noches, las auroras
solo han sido avistadas por los cielos…

(35)

(tiempos desconsolados)

Recuerdos en el fondo de las copas
que no fueron servidas, adorables
paraísos en pecado, caricias
de voz dulce mimando el corazón
de los muchachos núbiles,

                       el triste
esplendor de las flores en la edad
del vacío, la furtiva espesura
que envuelve los caminos prohibidos.

(36)

… donde se desvanecen los palacios
y el huracán navega a la deriva,
donde ponen sus lumbres despiadadas
las noches fabricadas con cuchillos,

donde el azar esquiva las verdades
y la sangre subvierte sus colores,

donde los aprendices de poetas
malditos se abotonan con esdrújulas…

(37)

Temible Georges Rouault, oh tiempo vano,

dolor añil de aradas prostitutas,
Madame X, payasos que agonizan
y Cristo rescatado del infierno,

larvas de luz oscura entre vidrieras,
jueces bajo la túnica del monstruo,
y el viejo paraíso convertido
en un corral de auroras disfrazadas.

(38)

Vanas son las bondades incompletas,
los sueños despertados, los suicidas
que vinieron a menos y los jueces
perfumados con túnica sagrada.

Infausto dios mutante, las verdades
convertidas de pronto en cicatrices,
los reyes eximidos de su culpa,
y la esperanza inútil del cautivo.

(39)

Avergonzados,

    qué solar de salmos
coreados por voces arrancadas
de las patas del dogo, qué invisible
el dolor de los páramos anónimos,

mentiras que alimentan las cadenas
del verdugo, ensordecen el crepúsculo
que sangra, ponen frutos prohibidos
en el árbol del huerto enamorado.

(40)

Paisajes encerrados por fronteras.

En el zaguán se guarda el bisturí
de los taxidermistas de gusanos.

Y qué redondos de odio los colores
de todas las banderas, combatientes
salpicando de lluvia despiadada
la senda infértil de la tierra,
                                    mar
maniatado al olvido de sus naves.

(41)

En las afueras donde las tormentas
reposan, y los velos de la novia
se iluminan, un dios de flores vanas
ofrece paraísos improbables.

Escapadas del beso y los desnudos,
frías horas de lluvias, despedidas
a solas,
          muchedumbres expulsadas
por el ángel del viejo testamento.

(42)

El fin de la palabra, las señales
del odio, el miedo frío de la noche
que acobarda el silencio, ¿dónde, pues,
la muerte repentina del jilguero,
qué cueva guarda un sueño de crisálidas?,

nada de cánticos,
                    Rimbaud cambiado
en sombra, disfrazado de poeta
y acogido al pavor de las mentiras.

(43)

(los otros peregrinos)

Búscalos en la estancia del olvido.
Allí nadie pregunta por su historia
ni escucha el griterío que se oculta
en cada madriguera de la noche.

Ese nadie no lucha por su fama,
no percibe el vacío de su ausencia,

es viaje en retirada, como el humo
que huye despavorido del incendio.

(44)

Abajo, en este abajo que ahora piso,
tal vez un hombre ha muerto todavía,
y sus señas están en las cunetas,
invisible en las tierras que le guardan.

Lejos de la esperanza,
                 de la luz,
de la plaza con gentes, vientos rotos
emergiendo del alba, y un tumulto
de días que escaparon de sus sueños.

(45)

10 000 fosas aradas con metales
y silencios, de huesos confundidos
con el dolor del pánico,

                y el lodo
que penetra en los huecos de la rabia.

Dibujad en el fondo de la gleba
noches vencidas, días apagados.

La huella acribillada de los muros,
puños que van a abrirse como pétalos.

(46)

(expulsados)

Llegas desde las lunas extraviadas
al lugar donde acaban las pateras
su viaje a la deriva. Te preguntas,
a veces, por aquellos que excavaron
el pozo, por la fiebre de los sueños
atados.

       Desde el fondo de las aguas
llegas,
       y habitas en la noche donde
los desterrados borran las estrellas.

… por el ángel custodio que defiende
las vallas para tercos saltimbanquis…,
por la callada ausencia de los árboles
arrojados del bosque…, por la guerra
que no fue redimida, y su victoria
en los días terribles…,

                          por la ruta
que va a tientas y niega los asombros
a la fragilidad del peregrino…

(48)

En el fondo del mar manda el olvido,
hay barcos desprendidos de las sombras,
playas vencidas, ríos inconclusos.

La tierra desvanece las preguntas.

Allí los cuerpos fríos solo sienten
el sonido coral de los silencios,
allí es donde los náufragos mendigan
un nombre que cobije al extrañado.

(49)

Ausencia de pasos y miradas
sobre la dura piel de este paisaje
donde lobos de piedra merodean
en la sombra,

        se esconden solitarios.

Horizonte de adioses que pregona
el desconcierto del mundo,

            viento
que agita el espejismo de los monstruos
que custodian los surcos del camino.

(50)

Y yo te doy la mano, y me adelanto
al vuelo de los pájaros rapaces,
y al torrente que cruza la explanada
de dios como un motín de perseguidos.

Y me ofrezco a las cepas de tu vientre
para que plantes fuertes las honduras
donde estarán los muertos venideros,
y sonarán los bronces del naufragio.

(51)

(últimamente Ucrania)

Y ahora, vedlo ahí, qué fuerte grito
convocando al festín donde la guerra
disfruta del horror de sus raíces
y entrega su ambición al descampado.

Qué zar hecho de fieras minerales
cabalga por la senda del despojo
y bendice su entraña de verdugo
con las sordas cenizas de la muerte.

(52)

Mas cómo devolver, decid, al odio
su ignominia, su terca podredumbre,

la justicia del cielo,
                              qué génesis
se acaba y enmudece los prodigios,
qué señor de la guerra, triste tierra
arada por los hierros del tirano,

y preguntadme el nombre de los hombres
borrados por el hijo de su madre.

(53)

(Franja de Gaza)

Ya no existen los nombres que tuvieron
lugar donde llamarse.
        Ya no existen
los días cuando niños, cuando padres…

… desde el umbral vacío al horizonte…

Hoy germinan la tierra calcinada
con sus muertos,
        sus lechos derribados,
nada que venga del amor, y nadie
que ataje la razón de sus exilios.

(54)

(Días, el tiempo arrebatado...)

¿Cuántos muertos habrá sobre el camino,
húmedo suelo, rosa derramada,
silencio en el lugar del canto,
                              dónde
las voces, la embriaguez de dios, la orilla
del encuentro, las frutas en el árbol?

¿Qué página borrada,
                    cuánta ausencia
recorriendo los días que no fueron
traídos ni llegados para nadie?

Te nombro sin tu nombre,
ávida estancia
donde mueren los días,
donde los dioses
afilan los relámpagos
y el vaso
guarda las cenizas.

(55)

Y el eco de aquel niño que se ha ido
deja pequeños hilos de luz, roza
la orilla del relámpago, traspasa
como una fina lluvia,

                              e inclemente.

Su despedida apaga las hogueras
de los días prestados, cuando ardían
pequeñas suertes en el alma, juegos
y jornadas que fueran perdurables.

(56)

Atardecer coral lejos del cuento,
y a su lado una cumbre sin caminos
donde descansa el cielo,
                              los disfraces
del alma, la presencia añil del caos,

el éxodo del mundo,
                              viejos dioses
que llegan derribando paraísos…

y todos los poemas que nos guían
hacia el dulce secreto de la nada.

(57)

La rosa roja al lado de la luz,
desafiando la púrpura de dios,
desterrando la nada, celebrando
su gloria, vida súbita que esconde
la grandeza del génesis, las iras
del diablo,

        y esa infausta iniquidad
que avisa al portador de la hermosura
del día irremediable de la muerte.

(58)

La callada tristeza de las hojas
que caen, de los ríos fracasados,
de las cumbres que nunca descendieron
de los cielos,
                    la voz de la partida,

el penúltimo abrazo que una tregua
dejó en las travesías inundadas
de pasos, la asombrada incertidumbre
que viene a despedir al caminante...

(59)

Por fin he descubierto las inquietas
historias que narraban las miradas
de aquellas tardes solas en que hicimos
el viaje indescifrable hacia acabarnos.

Gritos ahogados, aire que no añora
los jardines perdidos, lentitud
del mundo, pensamientos divisibles,
tibias señas del sol,

                                    nombres por dentro.

(60)

Si quien es —niño ha sido, sueño y cumbre,
arista y hondonada— deja en alma
los deseos… Si late como el templo
donde el canto enmudece… Si es la arena
que cae de las manos…

                                    Si es quien busca
su nombre en el espejo y pierde el viaje…

Si es quien calla, cautivo del tirano…,

… noche que explica el fin de los caminos…

(61)

Después, cuando los pasos abandonen
las llanuras y el rojo bermellón
del horizonte incendie los tejados,
y arrase las viviendas,

                              ¿quién podrá
regresar a los brazos preferidos,
recordará el placer de los solistas
de *blues,* buscará perplejidades,
perseguirá preciosos desafueros.

(62)

Y entonces, ¿dónde han ido los amigos
que ofrecían su casa, los incendios
del alba, los encuentros, los saludos
que nunca nos traían despedidas?

… La soledad que gime en los establos
y acaba en las entrañas de la niebla
es la senda del tiempo que se fuga
al lugar donde crecen los olvidos.

(63)

Vendría el viento herido con sus cuernos
de plata y la penumbra del suicida,
la luz borrosa y dura del crepúsculo,
y las señas ahogadas por la nieve,

vendrían los vacíos que nacieron
de aquellos abandonos, el pasado
que recorre las grietas no olvidadas
y agita el desamor de las derrotas…

(64)

Mirad la soledad de las riberas,
el éxodo del árbol, la codicia
de la sombra que oculta los despojos
y reúne en el aire los ocasos.

Desamados jardines imposibles
donde la luna nueva se engrandece,

el cielo que revienta sus entrañas,

cómo la tierra ha huido del paisaje.

Cuando el viento persigue a los caballos
y el otoño se lleva la espesura
del bosque, oh vida, entonces desterrada
al abrigo de fieles soledades.

Cuando el agua se queda en los remansos
y los fríos desnudos se convierten
en moradas vacías y derrotas,
qué nombres son entonces los que quedan.

(66)

De qué ocultas quimeras, rencorosa
vida, vienes, nos eres, el camino
alientas y confortas, desatiendes
la voz que fuera nuestra y te nombrara.

De qué llama de suerte oscura fuiste
parte, qué infiel mañana nos entregas,
ambicionada rosa del desierto,

veces que son el tiempo arrebatado.

(67)

Si otras manos ausentes nos llamaran,
podría haber un viaje nuevo,

otro
viaje al acecho, un viaje transportando
hasta un nuevo vacío el equipaje.

Días idos que fueron el recuerdo
de otra estancia, quizás solo otra nada,

frágil final del viejo peregrino,
silenciosa andadura,

y clandestina.

(68)

Morir, y qué caricias se despiden
de la lluvia, malgastan la ternura
de la aurora, desatan los abrazos,
disputan al vacío la victoria…

… ciprés erguido en el umbral del aire,
rama que hierra el vuelo de las flores,

se extravía en silencio, se encadena
al enigma del último relámpago…

Habrá un tiempo de nadie, los senderos
cubiertos por la sal, la navidad
del fruto prohibida, los amores
dejados a su suerte, separados
del beso, enmudecido el refulgente
silencio de la flor, sala de espera
de desnudos,

        y el viaje, el viaje solo,
allí, y el viaje…, allí el final del viaje…

(70)

Me gustaría que ese día fuera
un pequeño rincón, casi apagada
la luz y la tiniebla, que mi voz
pronunciara tu nombre,

                    despedidas
las otras muchedumbres,

                    nada ya
contuviera ese mundo donde estuve
robando las palabras y buscando
un poema final que me amparase.

ÍNDICE

Este libro
se terminó de imprimir
en los talleres del Servicio de Publicaciones
de la Universidad de Zaragoza
en junio de 2024

TÍTULOS DE LA GRUTA DE LAS PALABRAS

1 Manuel M. Forega, *Cuerpo de la edad (1981-1985)* (1985).
2 Emilio Gastón Sanz, *Musas enloquecidas* (1987).
3 Julio Alejandro de Castro, *Singladura* (1988).
4 José Antonio Labordeta, *Diario de náufrago* (1988).
5 Javier Delgado, *El peso del humo. (Libro de Horas Profanas)* (1988).
6 Jose Antonio Rey del Corral, *Poemas del sentido* (1988).
7 Javier Barreiro, *Dientes en un cofre* (1988).
8 Manuel Estevan, *Diario del frío* (1988).
9 Manuel Vilas, *Osario de los tristes* (1988).
10 Alfredo Saldaña, *Fragmentos para una arquitectura de las ruinas* (1989).
11 Mariano Esquillor, *Elegías a Fuensanta* (1989).
12 Antonio Ansón Anadón, *Memoria del Limo* (1989).
13 Rosendo Tello Aína, *Las estancias del Sol* (1990).
14 Ángel Petisme, *Habitación salvaje* (1990).
15 Miguel Luesma Castán, *Crónicas del abismo (1988-1989)* (1990).
16 Ana María Navales, *Los espejos de la palabra. (Antología personal)* (1991).
17 Antonio Fernández Molina, *El cuello cercenado. Antología poética* (1991).
18 Fernando Ferreró, *Falacia* (1992).
19 Luis Moliner, *Bethel y Música* (1992).
20 Manuel M. Forega, *He roto el mar (1980-1990)* (1993).
21 Alberto Montaner Frutos, *Teatro de delicias* (1993).
22 Teresa Agustín, *Cartas para una mujer* (1993).
23 Fernando Sanmartín, *Manual de supervivencia. (Consejos inútiles)* (1993).
24 Joaquín Carbonell Martí, *Laderas de ternero* (1994).
25 Enrique Gutiérrez, *Un país sin nadie* (1994).
26 Rolando Mix Toro, *El espejo y tú* (1994).

27 Magdalena Lasala Pérez, *Sinfonía de una transmutación* (1995).

28 Miguel Ángel Ordovás, *Poemas Evónimos* (1996).

29 Miguel Ángel Longás, *Escolios* (1997).

30 Antonio Blas Villa Berduque, *Andábata* (1997).

31 Mercedes Yusta, *Las mareas del tiempo* (1998).

32 José María Pérez Collados, *Lo que no te conté de mis viajes* (1998).

33 José Luis Trisán, *La libertad sonríe. (Homenaje a Luis de Pablo)* (1999).

34 Salvador Redonet (selección y prólogo), *Para el siglo que viene: (Post)novísimos narradores cubanos* (1999).

35 Eduardo Jordá, *Orco* (2000).

36 Alfonso Sánchez, *Lo fatal (Poemas)* (2000).

37 Rafael Yuste, *Trilogía de Historia Natural* (2001).

38 Antonio Fernández Molina, *Un gallinero en la ciudad. (Relatos)* (2001).

39 P. Rubio Montaner, *Tímidas existencias* (2001).

40 Carlos Alcorta, *Compás de espera* (2001).

41 Joaquín Sánchez Vallés, *Pasos en el jardín* (2002).

42 Francisco López Serrano, *La caricia de un sueño* (2002).

43 Fernando Ferreró, *Revisión prospectiva* (2002).

44 Fernando Andú, *Invenciones de las cárceles* (2002).

45 Tristan Tzara, *Los primeros poemas (Poemas rumanos)* (2002).

46 José Antonio Conde, *La vigilia del mármol* (2003).

47 Alfredo Saldaña, *Pasar de largo* (2003).

48 Javier Sancho, *Cuentos de colores* (2003).

49 José Antonio Sáez, *Derrota de las islas* (2003).

50 Ángel Guinda, *La creación poética es un acto de destrucción. Antología (1980-2004)* (2004).

51 José Ignacio Foronda, *Jaulas* (2004).

52 J. L. Rodríguez García, *En la última ciudad* (2004).

53 José Verón Gormaz, *El exilio y el reino* (2005).

80 Enrique Cebrián Zazurca, *Con la sola certeza* (2012).
81 Antonio Muñoz Quintana, *Miedo a los perros* (2012).
82 Ramiro Gairín Muñoz, *Por merecer el día* (2013).
83 José Antonio Conde, *El signo impreciso* (2013).
84 Fernando Ferreró, *Memoria* (2013).
85 Almudena Vidorreta Torres, *Días animales* (2013).
86 Angélica Morales, *Monopolios* (2014).
87 David Mayor, *Conciencia de clase* (2014).
88 José Ángel Cilleruelo, *Tapia con mirlo* (2014).
89 Enrique Cebrián Zazurca, *La chica del verano* (2014).
90 Fernando Ferreró, *Cadencia* (2015).
91 Iside Zecchini, *El huésped. Antología poética* (2015).
92 Jordi Doce, *Nada se pierde. Poemas escogidos (1990-2015)* (2015).
93 Juan Lamillar, *Las formas del regreso (2005-2007)* (2015).
94 J. L. Rodríguez García, *Estado de sitio* (2016).
95 Antón Castro, *El musgo del bosque* (2016).
96 Ramiro Gairín, *Lar* (2016).
97 Nacho Escuín Borao, *7:35* (2016).
98 Octavio Gómez Milián, *Con la llegadade la sangre* (2017).
99 Carmen Ruiz Fleta, *Vida doméstica* (2017).
100 José Verón Gormaz, *Claros de bruma* (2017).
101 Joaquín Sánchez Vallés, *Restos de luz en una cesta* (2017).
102 Aitor Francos, *Un buzón en el desierto* (2018).
103 Jesús Sanagustín Sánchez, *Lejos queda* (2018).
104 Teresa Agustín, *Caolín y rojo* (2018).
105 Pablo Lópiz Cantó, *Cómo vivir juntos* (2018).
106 Juan Antonio Tello Casao (ed.), *Al sur de la palabra. Poetas marroquíes contemporáneos* (2018).
107 José Manuel Soriano Degracia, *Hogares de paso* (2018).
108 Miguel Ángel Ordovás, *Cuaderno de voces muertas* (2018).
109 Ana Vidal Egea, *Todo este espacio* (2019).
110 José Ángel Cilleruelo, *Pájaros extraviados* (2019).
111 Lara López, *Derivas* (2019).